TINTA · CULTURA CHINA E ILUMINACIÓN ARTÍSTICA
EL COLOR EN LA PINTURA CHINA

El Rojo en la Pintura Tradicional China

Zeng Zirong / Jefe Editor

Rojo

Books Beyond Boundaries
ROYAL COLLINS

El Rojo en la Pintura Tradicional China

Jefe Editor: Zeng Zirong

Primera edición: 2021
Royal Collins Publishing Group Inc.
BKM ROYALCOLLINS PUBLISHERS PRIVATE LIMITED
www.royalcollins.com

Sede central: 550-555 boul. René-Lévesque O Montréal (Québec)
H2Z1B1 Canada
Sede de la India: 805 Hemkunt House, 8th Floor, Rajendra Place, New Delhi 110 008

ISBN: 978-1-4878-0816-7

ÍNDICE

Los chinos empezaron a utilizar colores hace mucho tiempo; por ejemplo, el arte de las cavernas del Paleolítico Superior incluyó rojo, la cerámica pintada de la Era Neolítica empleó blanco, rojo, negro, marrón amarillento y otros tipos de patrones decorativos, las inscripciones de los huesos del oráculo encontradas en las Ruinas de Yin tenían marcas rojas y negras también… La Pintura Tradicional China, además de su simbólica tinta, también contenía una variedad de bellos colores como el rojo tinto, ámbar, árbol de humo, negro rojizo, verde malaquita; incluso los nombres de los colores son realmente bellos. Los sabios ancestrales utilizaban materiales limitados y, con la ayuda del lavado y la extracción, obtenían una variedad de diferentes matices, dejándonos así con numerosas pinturas que contienen un rico espectro de colores.

En la antigüedad, el color rojo se llamaba "bermellón" (zhu), y dependiendo de un grado diferente de concentración, se podía dividir en bermellón (zhusha), rojo amarillento (zhubiao), rojo escarlata (yinzhu), ocre rojo (tuzhu) y otros. El rojo se usó principalmente para pintar telas, barandas, templos budistas y taoístas, y también para representar el amanecer, las nubes rosadas, las hojas de arce y otros elementos de las pinturas chinas. Después del siglo XVI, el rojo carmesí que provenía de los países occidentales comenzó a usarse ampliamente en la pintura de flores y plantas, lo que permitió que las flores se vieran más coloridas.

Ahora analicemos atentamente estas hermosas pinturas en rojo: hay un cuervo escondido en el sol rojo; hay paredes rojas en medio de verdes colinas y aguas azules; hay una dama vestida de rojo que lleva a su hijo mientras viaja; un emperador vestido de rojo, apurado en su escape; hay un pequeño cervatillo errante en el bosque rojo de otoño; y una mariposa revoloteando ligeramente entre las hojas rojas…

Pigmentos de Color Rojo en la Pintura China

El rojo amarillento ***(zhubiao)***
se obtiene luego de pulverizar roca de cinabrio y agregar pegamento claro; se trata del rojo mencionado anteriormente con un matiz amarillo.

El bermellón ***(zhusha)***
es obtenido luego de pulverizar roca de cinabrio; es brillante, profundo, lleno de color y puede pasar mucho tiempo sin desteñirse.

El rojo naranja ***(huagdan)***
es obtenido llevando plomo puro a altas temperaturas, tomando así un color parecido al naranja.

El rojo tinto ***(yanzhi)***
es un pigmento obtenido de la flor de alazor molida en un mortero.

Rojo Escarlata ***(yinzhu)***
fue el primer pigmento químico inventado en la China ancestral; es extraído a partir del mercurio.

Alizarina ***(giangse)***
es obtenido exprimiendo las raíces de la planta Rubia Roja en el agua para posteriormente hervirle.

El rojo ocre ***(zheshi)***
es hecho de hematita.

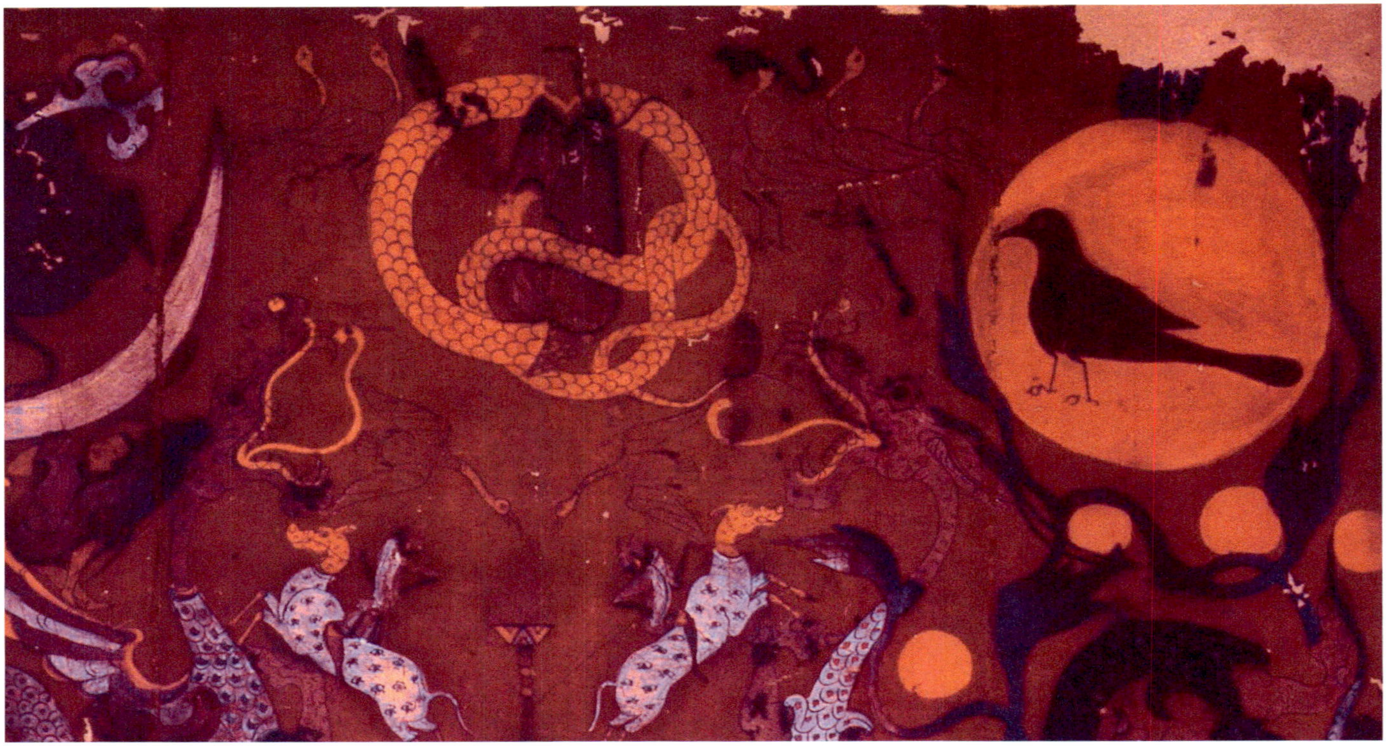

Tumba de la dinastía Han de Mawangdui, un fragmento de una pintura de seda en forma de T "Ascensión", Dinastía Han occidental hace aproximadamente 2100 años

Rojo y Negro

Antes de la popularización del papel, la gente solía usar pigmentos para dibujar sobre telas de seda, esto es bohua, pintura sobre seda. En la Tumba Han No. 1 en Mawangdui, Changsha, hay una famosa pintura de seda. La parte superior derecha de una pintura muestra el sol rojo, y dentro del sol hay un cuervo negro.

En las leyendas antiguas, el sol era llevado por cuervos. Casi todas las aves en la tierra le tienen miedo a las llamas, pero los cuervos pueden volar a través de los fuegos artificiales, además, las plumas de los cuervos son completamente negras, como si fueran quemadas, por lo que los antiguos creían que los cuervos son aves sobrenaturales relacionadas con el fuego. Por esta razón, el cuervo está asociado con el sol.

"Advertencias de la Instructora a las Damas de la Corte"
un fragmento de una copia, Dinastía Jin Oriental, Gu Kaizhi
hace aproximadamente 1600 años

Una Familia que se Ama Devotamente

Gu Kaizhi fue el primer pintor en dejar un nombre y un retrato en la historia china. Fue llamado "el Antepasado de la Pintura" por sus descendientes, y fue igualmente famoso con Wang Xizhi, "el Sabio de la Caligrafía" que vivió en el mismo periodo. Llamó mucho la atención al retratar la expresión de los ojos, y las líneas en sus pinturas son uniformes y continuas como la seda del gusano de seda de primavera.

Gu Kaizhi pintó "Advertencias de la Instructora a las Damas de la Corte", en el que hay una parte que representa a una familia, donde juegan tres niños vestidos de rojo, con sus padres sentados a la derecha, mirándolos amablemente, lo que implica que el amor familiar es muy profundo.

"La imagen de las deidades de los cinco planetas y veintiocho constelaciones", un fragmento de una copia
Dinastía Liang de las dinastías del sur y del norte
Zhang Sengyao (biografía)
hace unos 1500 años

La Imagen del dios 'Marciano'

La gente en la antigüedad creía que cada estrella en el cielo corresponde a un dios y que tenían imágenes asignadas específicas: algunas parecen mujeres, algunas parecen personas mayores, algunas parecen jóvenes, algunas tienen cabezas de animales y cuerpos de humanos... Podemos decir que es extraño y monstruoso ya que vemos formas inusuales de cualquier tipo.

El hombre de la imagen tiene la cabeza de un burro, seis brazos, piel rojiza, y está montando un burro rojo, ¡es realmente extraño! Esta es exactamente la imagen del dios marciano imaginada por los pueblos antiguos. Miremos sus seis manos que sostienen espadas largas, dagas, hachas, lanzas largas y otros tipos de armas. Como los antiguos creían que Marte estaba estrechamente relacionado con la guerra, pensaban que una guerra comenzaría allí, ya que solo Marte aparece en un lugar específico.

El Viento, el Agua, El puente.

Las primeras pinturas chinas fueron pinturas de personajes, y los paisajes solo se usaron como fondos de tales pinturas. Poco a poco, los paisajes tuvieron su valor independiente, lo que condujo a la aparición de la pintura representativa de montañas y agua. En la actualidad, el rollo de pintura de paisaje más antigua del mundo es "Excursión de Primavera" de Zhan Ziqian.

En "Excursión de Primavera", las montañas son encantadoras, los árboles son verdes, los pequeños puentes con los ríos que fluyen debajo de ellos y los pabellones y terrazas están adornados por hermosos bosques de montaña. En la imagen, un hombre montado en un caballo se dirige al pequeño puente rojo, los dos sirvientes lo siguen de cerca. No muy lejos hay una hermosa casa, algunas de las cuales están pintadas de rojo brillante.

"Excursión de primavera", un fragmento de una copia
Dinastía Sui, Zhan Ziqian, hace unos 1400 años

Fragmento de una copia de "Emperadores de Dinastías Pasadas"
Dinastía Tang, Yan Liben, hace algunos 1300 años

Liu Bei y Sun Quan

La "Pintura de los Emperadores de las Dinastías Pasadas" del gran pintor Yan Liben representa retratos de trece emperadores desde la Dinastía Han hasta la Dinastía Sui. Liu Bei y Sun Quan, que vivieron durante el período de los Tres Reinos se encuentran entre ellos. En la pintura ellos llevan coronas imperiales negras y trajes oficiales; las partes rojas de los disfraces se llamaban bixi, que son los paneles frontales de la tela; cuando están de pie llevan zapatos rojos especiales (usados por emperadores y príncipes feudales). El sistema de vestimenta de este emperador comenzó en la dinastía Zhou y pasó por las dinastías Han, Tang, Song y Ming, y duró más de 2,000 años.

La pintura de figuras de Yan Liben tiene esta característica obvia: para resaltar a los personajes principales, agrandó sus cuerpos en comparación a los cuerpos de las personas que los rodean. Este se convirtió en uno de los estilos clásicos de la pintura de figuras chinas para las generaciones posteriores.

La Imagen Más Antigua del Polo

A los nobles de la dinastía Tang les gustaba jugar al polo, que es una actividad que se juega montados en caballo y con un palo en las manos, destinado a golpear la pelota en la portería contraria. Entre los murales en la tumba del Príncipe Zhanghuai en Shaanxi, hay un mural "Jugando Polo", que es la imagen más antigua de este deporte descubierta hasta hoy.

El jinete delantero se representa dando vueltas en un caballo granate; él sostiene las riendas con una mano y agita el palo con la otra, a punto de golpear la pelota en el suelo. Los jugadores detrás también lo persiguen desesperadamente; ¡Los cuatro cascos de un caballo en la parte inferior derecha (del mural) se han disparado en el aire! Pareciera que hemos viajado a través del tiempo y el espacio hasta esta escena, ¡podemos escuchar el sonido de los cascos galopantes, los golpes intensos y las ovaciones de los jinetes!

Tumba del Príncipe Zhanghuai
un fragmento del mural "Jugando Polo"
Dinastía Tang, hace unos 1300 años

Fragmento de "Veleros y pabellones"
Dinastía Tang, Li Sixun (biografía)
hace unos 1300 años

Fragmento de "Dieciséis Caballos Mágicos"
Dinastía Tang, Han Gan
hace unos 1200 años

Rodeado de Árboles Verdes y Paredes Rojas

Li Sixun era parte de una familia real de la Dinastía Tang y el pintor paisajista más famoso de la época. Según la leyenda, un día, el emperador Ming de Tang le pidió que pintara un paisaje en el muro del palacio; mientras dormía por la noche, el Emperador incluso escuchó el sonido del agua que fluía en la pared.

También hay una hermosa casa y un patio en esta pintura; el techo está forrado con columnas de tejas de color verde grisáceo, y en el lateral hay un cerramiento rojo y algunas columnas. Las paredes rojas y los árboles verdes contrastan maravillosamente entre sí. Un hombre de blanco está parado cerca y debajo del corredor. ¿hacia dónde va?

Pastor en Rojo

A los pintores de la dinastía Tang les encantaba pintar caballos, y Han Gan fue uno de los pintores más famosos en ello. El emperador Ming de Tang lo convocó para ser pintor de la corte y le dijo que se sometiera al pintor predecesor Chen Hong como su maestro. Han Gan respondió: "Ya tengo muchos maestros, me refiero a los caballos en el establo real de Su Majestad".

Se dice que, para observar mejor a los caballos, Han Gan a menudo vivía con los pastores y podía ver claramente detalles que otros no habían percatado. No es de extrañar que tuviera la habilidad de pintar a este pastor en rojo y su caballo tan vívidamente.

¿Quién es el Hombre de Rojo?

En 755 d.C. estalló la rebelión de An Lushan, y al año siguiente el emperador Ming de Tang escapó de Chang'an a Sichuan. Li Bai dijo en su poema: "¡Caminar por los estrechos senderos de Sichuan es tan difícil como subir al cielo!" Se trata de las montañas de Sichuan, que son empinadas y difíciles de escalar. ¿quién es ese hombre de rojo galopando a la cabeza de las tropas representadas en la imagen? ¡Es el emperador Tang Li Longji! Hay tres mechones de melena en la nuca del caballo que está montando, que es la característica de los caballos utilizados por la familia real de la dinastía Tang. En la pintura, el Emperador Ming de Tang se muestra regordete, con un aspecto sereno, e incluso flotando, ostentando confianza en sí mismo. Los guardias detrás de él ya están cansados y agachados, pero él todavía tiene un porte impresionante, sentado con la espalda recta.

Fragmento de "Emperador yendo a Shu"
Dinastía Tang, Li Zhaodao (biografía)
hace unos 1200 años

Fragmento de "Damas de la corte con tocados de flores"
Dinastía Tang, Zhou Fang
hace unos 1200 años

Mascotas y Accesorios de Damas Nobles

En la imagen, la elegante dama de la derecha tiene un moño alto peinado con una flor de peonía. Sus cejas son cortas y gruesas, elevándose hacia arriba como las alas de una polilla; Esta es la forma llamada "cejas de polilla", que era popular en la dinastía Tang. Una parte de la larga falda roja de la dama yace en el suelo. Ella sostiene un batidor de cola de caballo y se burla de un perro faldero que mueve la cola con entusiasmo complaciendo a sus dueñas.

Zhou Fang es un experto en pintar mujeres nobles; En sus obras, las damas nobles de la antigüedad siempre se representan con diferentes elementos a su alrededor, como cepillos, perros en las rodillas y abanicos redondos, que son los símbolos de su identidad.

Gu Hongzhong, "El Banquete Nocturno de Han Xizai", un fragmento de una copia, Dinastía Tang del sur de las cinco dinastías y diez reinos hace aproximadamente 1000 años

Aquella Persona con Túnica Roja ha Aprobado el Exámen

Este es un banquete. La mesa está llena de deliciosa comida, pero a las personas no les importa comer, miremos el lado izquierdo de la imagen y escuchemos la interpretación de la pipa.

Había dos personas sentadas en el sofá a la derecha; el que está vestido con ropa gris y con barba larga es el anfitrión, Han Xizai. Sentado a su lado, vestido con una túnica roja, está el erudito número uno (título conferido al máximo anotador en el examen imperial más alto). En la antigüedad, los colores de la ropa representaban la posición, y el color de la ropa no podía elegirse por un simple deseo personal; una túnica roja deslumbrantemente hermosa del erudito número uno está hablando por si sola de la extraordinaria gloria del portador.

Fragmento de "Bocetos de Aves, Insectos y Tortugas vivas", el último Reino Shu de las cinco dinastías y diez reinos, Huang Quan hace aproximadamente 1000 años

Un Boceto de la Vida Casi Fotográfico

"Bocetos de Aves, insectos y tortugas vivas" no es la pintura oficial de Huang Quan, sino solo su cuaderno de bocetos. Utilizó líneas muy delicadas y colores intensos para representar a muchas criaturas de la naturaleza, como este pájaro e insecto de espalda roja.

Las representaciones de estos pequeños animales son muy rigurosas y precisas: las plumas de las aves son suaves y blandas, y sus garras son delgadas y fuertes; aunque están quietos, pareciera que en cualquier momento saldrán volando. Aunque los insectos son muy pequeños, cada detalle está representado meticulosamente. Fue precisamente por los continuos bocetos realizados en vida que Huang Quan pudo revelar su talento y convertirse en uno de los fundadores de la pintura china de flores y pájaros.

Fragmento de "Recital de Cámara"
Dinastía Tang del Sur de las Cinco Dinastías y los Diez Reinos
Zhou Wenju (biografía)
hace aproximadamente 1000 años

Instrumentos musicales antiguos

"Recital de Cámara" representa la escena de los nobles del sur de Tang disfrutando de actuaciones musicales en el patio. En la imagen, hay una banda tocando, se divide en dos filas; los instrumentos son iguales en ambas filas, y al mirar la fila superior, podemos apreciar a los instrumentos en ese orden: Pipa, konghou vertical (arpa), cítara larga, fangxiang, sheng, tambor de reloj de arena, flauta, bili y badajos.

La pipa en la pintura tiene una correa doblada sobre el cuello; Podemos ver y contar claramente el número de cuerdas de una cítara, son un total de trece. Estos instrumentos musicales han perdurado hasta el presente y han sufrido muchos cambios. En la parte posterior de la banda, también hay un tambor rojo y una percusionista golpeándolo con fuerza. ¡Esta es realmente una colección de instrumentos musicales antiguos!

Fragmento de "Mariposas esbozadas de la vida" Dinastía Song del Norte, Zhao Chang hace unos 980 años

En el Campo Otoñal

Zhao Chang fue un famoso pintor de flores y pájaros en la Dinastía Song del Norte. Aquí vemos los cardos marrones y las espinas, los crisantemos morados, las briznas rojas de hierba y el heno amarillo que cubren la ladera. Una hermosa mariposa revolotea suavemente con gracia por los aires, mientras que una langosta se esconde debajo de las briznas de hierba, lo que crea un contraste de movimiento y quietud.

La pintura muestra un campo de otoño espacioso y fresco, el sol brilla intensamente y la vitalidad llena los campos y la naturaleza.

Pareja de Mariposas

El emperador Huizong creía firmemente en el taoísmo, e incluso se llamó a sí mismo "El emperador que fundó el taoísmo". El taoísmo cree que las flores, los pájaros, las piedras y los insectos son la esencia del mundo, así que desde el punto de vista del emperador Huizong, representar estas flores, plantas, pájaros, animales, peces e insectos no es solo una representación pintoresca, sino también un ritual de rezo por el bienestar de la Dinastía Song.

De este modo, Song Huizong era particularmente aficionado a representar todo tipo de flores exóticas, pájaros raros y piedras peculiares; ¡Eran símbolos benéficos que representaban la paz bajo el cielo! ¡El faisán dorado en la imagen tiene plumas extraordinariamente hermosas, mira fijamente a las dos mariposas inseparables desde la rama de hibisco!

"Un faisán dorado descansando en la rama de hibisco"
Dinastía Song del Norte, Zhao Ji
hace unos 890 años

El Juego de "Empujar Yuyuba"

Estos son los hijos de dos familias ricas. La niña de blanco es la hermana mayor, está llevando a su hermano menor de rojo a jugar con juguetes en el jardín, juntos lo están pasando bien y de hecho no se percataron de cómo sus cabezas se acercaban. ¿Cuáles son los juguetes tan interesantes? Resulta que hay un dátil rojo que es compatible con tres palos de bambú; se corta la parte superior de la Yuyuba y se coloca un palo de bambú; Se colocan dos dátiles rojos en ambos extremos del palo de bambú. Con un ligero empujón de tu mano, los palos de bambú rotarán como si fuera un molino de mano, por lo que este juego se llama "molino de Yuyuba". ¡Los dos niños se turnaban para empujar el molino de Yuyuba y observaban quién lograba hacerlo girar por más tiempo! El hermano menor en la imagen está totalmente absorto en el juego y mira ansiosamente el molino; ni siquiera se dio cuenta de cómo se le resbaló el abrigo rojo.

"Niños Jugando en un Jardín Otoñal"
Dinastía Song del Sur, Su Hanchen
hace unos 850 años

Fragmento del "Consorte Yang montando un Caballo"
Dinastía Yuan, Qian Xuan
hace unos 720 años

Yang Guifei, Una de las Cuatro Bellezas

"Espléndidas nubes y flores nos recuerdan la belleza de Lady Yang", "Un corcel que levantó polvo rojo ganó las sonrisas de la bella amante" y "eclipsó a todas las mujeres en el palacio que, en comparación, perdieron su color"... Innumerables y conmovedores poemas se ha escrito sobre el amor del Emperador Ming de Tang y Yang Guifei. Los poemas sobre la solemne promesa de amor pronunciada en el Salón del Palacio Tang y su belleza cuando salía del baño de las piscinas termales de Huaqing, donde muchos fueron testigos de la felicidad de Yang Guifei.

Sin embargo, la fortuna es tan impredecible como el clima, todos los días pueden traer fortuna o calamidad, y cuando estalló la Rebelión An Lushan, la concubina huyó al país vecino de Shu con el Emperador Ming de Tang, y finalmente murió en el camino. La imagen muestra la escena de la huida de la concubina imperial: Yang Guifei, vestida con ropas rojas, delicadas y débiles, apenas lucha por montar un caballo con la ayuda de dos doncellas...

林

El Pájaro Atrapando al Gusano

La pintura representa una fruta llamada linqin, el cangrejo perla chino (o manzano silvestre), sus frutos rojizos pesados parecen doblar las ramas. La fruta dulce no es recogida por nadie, pero atrae a los insectos. Podemos ver claramente que hay agujeros grandes y pequeños en las hojas hechos por insectos. El pájaro en la parte superior de la rama está cantando con la cabeza en alto, rompiendo el silencio del bosque, como llamando a sus compañeros: "¡Vengan, hay insectos aquí!"

Los pintores de la Dinastía Song atribuyeron gran importancia al realismo y describieron el paisaje con cuidado y minuciosidad. Las plumas esponjosas del pájaro y los rizos en la parte frontal y posterior de las hojas son muy realistas.

"Pájaro atraído por la fruta madura o pájaro y frutas"
Dinastía Song del Sur, Lin Chun
hace unos 820 años

La historia de "Zhu Yun Rompiendo la Barandilla"

En los tiempos del emperador Cheng de Han, un traicionero funcionario de la corte, Zhang Yu, se convirtió en primer ministro y comenzó a gobernar como un déspota, y los ministros en la corte no se atrevieron a exponerlo. Un día, el funcionario menor Zhu Yun le pidió al Emperador que le concediera una espada imperial y el derecho a matar a Zhang Yu; El emperador reprendió furiosamente a Zhu Yun por ofender a sus superiores y ordenó que fuera ejecutado. Zhu Yun resistió sosteniendo de una baranda, y la baranda se rompió... Más tarde, el emperador Cheng de Han se dio cuenta de la verdad y no solo perdonó a Zhu Yun, sino que también pidió mantener intacta la barandilla, sin ser reparada, como una advertencia para el futuro.

En la pintura, el emperador Cheng de Han está sentado en una silla acolchada roja con largos bigotes dispersos y su rostro enojado. El guardia detrás de él sostiene la espada imperial envuelta en tela roja. Zhang Yu, sosteniendo una tabla usada mientras tiene la audiencia con el emperador, se esconde junto al emperador Cheng, inclinando la cabeza y sonriendo.

Fragmento de "Zhu Yun rompiendo la Barandilla"
Dinastía Song del Sur, Autor anónimo
hace unos 730 años

Hombre de Rojo Sosteniendo un Tirachinas

"Sosteniendo el disparo", también fue conocida como tirachinas. Los antiguos enseñaban a "cortar un bambú, atar los extremos, disparar un lodo y perseguir la carne", lo que implicaba cortar el bambú para hacer un tirachinas y disparar pájaros y animales con balas de barro. En la pintura, el hombre de rojo cabalga sobre el caballo blanco y negro, paseando por el bosque. De repente se detuvo, miró hacia el árbol detrás de él, pero no había pájaros ni bestias en el árbol, tal vez solo escuchó el sonido del viento. El jinete de rojo dejó que el caballo caminara lentamente, con una honda en la mano, pero no tenía la intención de galopar o cazar, por el contrario, pierde la calma y la simpatía.

Fragmento de "Un paseo en primavera"
Dinastía Yuan, Zhao Yong
hace unos 670 años

"Monte Taibai"
Dinastía Yuan, Wang Meng
hace unos 630 años

Sigamos a Wang Meng en su Visita al Templo de Tiantong

La mayoría de los pintores literatos de la dinastía Yuan usaban principalmente tinta, mientras que Wang Meng era diferente de los demás y atribuía gran importancia a la aplicación del color.

El "Monte Taibai" es muy rico en color. El denso bosque de pinos verdes no puede cubrir el llamativo templo de paredes rojas. El estanque azul en frente del templo fue excavado manualmente, y dado que su área era enorme y exigía una gran cantidad de trabajadores, se llamaba "El estanque de los diez mil trabajadores". Este templo es el templo de Tiantong en Ningbo, provincia de Zhejiang; Es un sitio histórico famoso donde hoy sus varitas de incienso se siguen quemando tan vigorosamente como antes.

Observando Miles de Montañas Rojas y Bosques Teñidos

Lan Ying utilizó directamente grumos de color para pintar la cadena de montañas y los espacios inclinados en la imagen, no hay contornos ni siluetas. Este método de pintar directamente con color y tinta se llama "método deshuesado" en la pintura china. Podemos pensar en el famoso dicho del maestro de arte occidental Paul Cezanne: "La línea no existe, solo existe el contraste entre los bloques de color".

En la capa media de la pintura, podemos ver el bosque muy teñido y las hojas rojas que parecen fuego, que es exactamente la belleza que hace que la gente acuda a las Colinas Fragantes. Lan Ying también usó creativamente el blanco para pintar las hojas de los árboles; Es la brecha entre las hojas blancas y las nubes lo que hace que las montañas verdes y azules y los árboles rojos brillen, pero no deslumbren. Lan Ying audazmente innovó y fue atrevido en el uso de colores libremente, lo que despertó una verdadera admiración.

Fragmento de "Nubes Blancas y Árboles Rojos"
Dinastía Ming, Lan Ying
hace unos 360 años

Altas Montañas y Corrientes de Agua al Encuentro con Íntimos Amigos

A través de los grandes árboles cubiertos de hojas rojas, vemos dos botes a la deriva bajo el acantilado y la cascada. En la proa del pequeño bote a la izquierda, alguien toca la flauta sin prisa y sus pies están sumergidos en el agua; podemos sentir la frescura de la corriente junto a él. En el otro bote, el hombre se reclinó sobre la almohada y está golpeando al ritmo del flautista.

Los dos hombres en la pintura no son pescadores comunes, son los ermitaños literatos ideales de Tang Bohu, son libres y sin trabas, rodeados de montañas y ríos.

Fragmento de "Pescadores en Reclusión Entre Montañas y Arroyos"
Dinastía Ming, Tang Yin
hace aproximadamente 490 años

Fragmento de "Álbum de Flores de Primavera"
Dinastía Qing, Yun Shouping
hace unos 330 años

Rosas Animadas y Coloridas

Después de la atrevida innovación de Lan Ying, el pintor Yun Shouping de la dinastía Qing también creó un estilo de "flor deshuesada". En las pinturas tradicionales realistas de flores y pájaros, los contornos exteriores de flores y pájaros se deben delinear primero, y luego se debe colorear; mientras que el método de pintura sin hueso no se delinea los contornos y se pinta directamente con colores.

Por ejemplo, la flor rosa rosa en el "Álbum de Flores de Primavera" fue teñida directamente por Yun Shouping con colores una y otra vez; Los colores de las flores, las ramas y las hojas cambian de tono y grado de concentración. Cuando la pintura aún está húmeda, se usan los otros colores similares para agregar detalles, de modo que se produzca un efecto artístico de penetración mutua.

Combinación de Estilos de Pintura Chinos Y Occidentales

En la historia del arte chino, hay un famoso pintor extranjero, su nombre es Giuseppe Castiglione (Lang Shining en chino). Nació en Milán, Italia, y fue a vivir a China en 1715.

Esta es una de las pinturas del "Álbum de Flores y Pájaros", que representa la variación colorida de la belleza del crisantemo y la agilidad y vivacidad de las aves. En términos de detalles, Lang Shining demostró plenamente las características de la pintura realista europea, que se centra en la luz, las sombras y la perspectiva; su pincel es delicado, y no importa si se trata de flores o pájaros, todos tienen un sentido tridimensional y son muy realistas. Esta "combinación armoniosa de lo chino y lo occidental" en la pintura fue favorecida por la familia real y los nobles de la dinastía Qing.

Fragmento del "Álbum de flores y pájaros: Crisantemo"
Dinastía Qing, Lang Shining
hace unos 250 años